OSVALDO DI PIETRO

Un vero amico

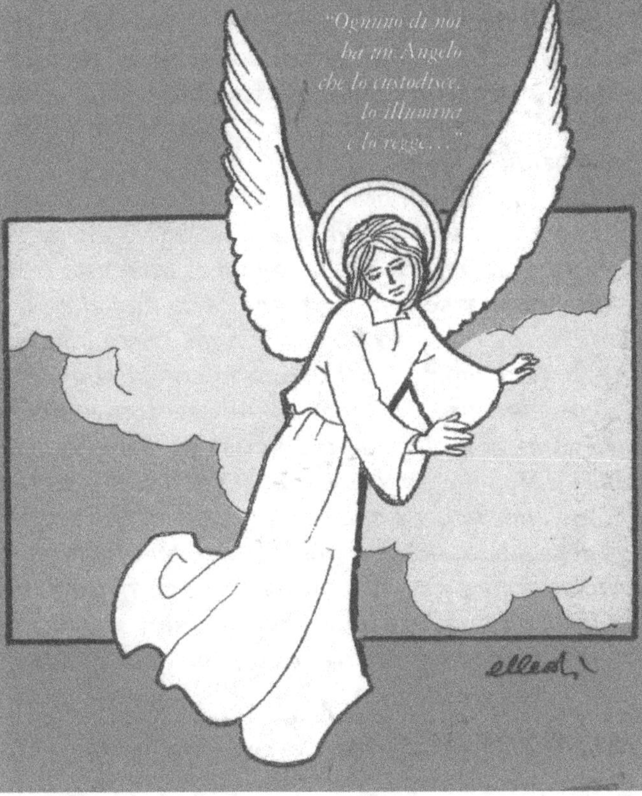
"Ognuno di noi
ha un Angelo
che lo custodisce,
lo illumina
e lo regge..."
elledi

PREFAZIONE

Come giovane sacerdote chiamato ad assumere il ruolo di Parroco in una parrocchia gloriosa come quella del Sacro Cuore di Benevento, ho da subito avuto un gran rispetto quasi un timore reverenziale per la sua storia e per gli uomini che l'hanno caratterizzata.

Nomi e volti che sto imparando a conoscere, una storia affascinante un mosaico che si arricchisce di sempre nuove tessere. Uno di questi volti è quello di Osvaldo Di Pietro. Il piglio energico che caratterizza molti di quelli della "vecchia guardia" del Sacro Cuore, è unito in lui ad un profondo senso di appartenenza e al desiderio di custodire e arricchire questo patrimonio, questa ricca realtà, così che il frutto del lavoro di tanti possa essere consegnato alle nuove generazioni.

In questa luce mi è sembrato di poter cogliere il senso e il valore di questo nuovo scritto. Un "vero amico" è un testo che si offre a una lettura gradevole e snella, e che ci trasporta in spaccati di un tempo andato. In esso presenta una certa nostalgia non tanto come rimpianto di un tempo che fu, quanto come riferimento al passato come fonte di ispirazione, La storia con le sue storie viene riproposta come maestra di vita. Per il lettore contemporaneo dai racconti riemergono prepotenti i valori cristiani della famiglia della solidarietà, della preghiera, della semplicità che con spontaneità si impongono come alternativa e cura ad uno stile di vita moderno che sta logorando la società, proprio perché disattento alla cura e alla centralità della persona, Il nostro grazie ed i nostri complimenti ad Osvaldo per aver voluto aprire lo scrigno dei suoi ricordi, certi che questo piccolo seme potrà produrre frutti copiosi di Grazia.

GIANPIERO CANELLI
Frate Cappuccino Parroco

SACRO CUORE di BENEVENTO

Ai miei cari nipoti

Cristiane, Wellington, Dario, Flavia, Guglielmo e Diletta per ricordare che non esiste nessuno così povero da non poter donare qualcosa all'altro...

RECENSIONI E COMMENTI:

CON PIACERE RIPORTIAMO UN ARTICOLO della brava giornalista Enza Nunziato, pubblicato dal quotidiano IL SANNIO   il giorno 25/05/2013

Chi trova un amico trova un tesoro, un detto antico che ha radici profonde e citazioni evangeliche, che si sposa con il piccolo libricino di ricordi di Osvaldo Di Pietro dal titolo un vero amico".

Osvaldo Di Pietro è molto conosciuto a Benevento, sensibile, che da anni si adopera tramite l' A.N.F.E., di cui ne è presidente, per le famiglie degli emigrati. Un impegno di vita che rientra nel suo stile di vita proteso verso gli altri e al servizio della comunità. L' autore della prefazione spiega che l' intenso è quello di mettere nero su bianco i suoi ricordi, gli deriva la necessità di tramandare alcuni suoi ricordi familiari, che però si inseriscono in un mosaico della realtà cittadina, soprattutto legati alla seconda guerra mondiale.

Sulla copertina è visibile un angelo perché nella raccolta che fa Osvaldo Di Pietro un posto predominante è dato alla fede, e a quelle presenze, assenze che cambiano e riempiono la vita in positivo.

La fanciullezza per il piccolo Osvaldo non è senza problemi, diversi i traslochi di casa, diverse le giornate con l' ansia di non riuscire a mangiare, e tante tribolazioni per un lavoro che suo padre che con fatica troverà. Ma in ogni passaggio dei racconti, nonostante la difficoltà c'è sempre spazio per la speranza , c'è sempre un momento di serena condivisione di amore e di preghiera.

Tutto il libricino è immerso nel mistero della fede e in questi angeli custodi che ci salvano e ci accompagnano nel nostro cammino terreno, tenendoci per mano e guidandoci anche nelle avversità. Come un posto primario lo trova, la famiglia, i valori dell' unione e della comunità, piccola o grande che sia e la forza che deriva dallo stare uniti .

L' autore ormai nonno , si augura che le sue semplici parole, il suo narrare dolce ed essenziale possano trovare conforto nella fede così come ha fatto lui, tenendo sempre dritta la barra versi il rispetto degli altri e della natura.

Quaderno pagine di ricordi di Osvaldo Di Pietro

"Un vero amico"

Osvaldo Di Pietro è ben noto alla nostra Comunità Parrocchiale ed ogni parola di presentazione risulterebbe superflua. Certo in un contesto diverso meno familiare direi che nella sua vita lavorativa, da assistente sociale, è stato Segretario Regionale POA-ONARMO,

Direttore dell'Ufficio Provinciale EPACA, Presidente Diocesano di A.C. e, per lunghissimo tempo, Presidente del Comitato Consultivo Provinciale INAIL di Benevento. Molte energie ha dedicato poi all'Associazione Nazionale Famiglie Emigrati fondando addirittura il bollettino "Emigrazione notizie".

-Si è lasciato frequentemente dal mettere penna in carta e le sue pubblicazioni sono state dei saggi a tema molto specifico ("Indagine sulla scolarizzazione nel Sannio" - "...e l'esodo continua" - "L'Europa e la sua identità"- "Diario di un emigrante".

Oggi. in piena terza età, Osvaldo è nato nel 1932, riprende la penna (forse anche lui la tastiera del PC) per dare posto ai suoi sentimenti, ricordando e partecipando ad altri alcuni momenti della sua infanzia.

C. Dickens ha scritto: "... Un uomo non può vivere chiuso in se stesso, ma deve vivere nel passato, nel presente e nel futuro, diventando un anello della grande catena dell'umanità." Catena grande multiforme, multicolore.. .con anelli a volte piccoli, piccolissimi ma che fanno parte comunque di quella catena...

"Un vero amico" è il racconto di alcuni di questi piccoli anelli. Piccoli, piccoli anellini, a volte insignificanti per i distratti ed i superficiali, ma comunque anelli di quella catena che è l'umanità.

A percorrerli, questi anellini dell'infanzia di Osvaldo si avverte l'effetto della ciliegia: una tira l'altra.

Dove l'altra non è solo la pagina successiva ma un ricordo personale del lettore. Un ricordo che sembrava scomparso, "deleto" si direbbe oggi, ma che improvviso riemerge ed intenerisce. Un piccolo anello che produce emozione.

In fondo questo è il segreto del ricordo, specie se riportato in forma scritta. E sono effetti che i SMS o Facebook non possono dare, perché questi nuovi strumenti della nostra umanità corrente sono legati solo, se non esclusivamente, al presente, un presente fatto a vote di meri "attimi fuggenti". Attimi fuggenti non come il famoso film con Robin Williams o come il "*Contessa cosa è mai la vita? E' l'ombra di un sogno fuggente*", di carducciana memoria.

L'autore di "Un vero amico", con prosa scorrevole ed essenziale, ci riporta frammenti di vita, e vita di una volta, quando esisteva non la "femme" ma la fame, quando lo spreco non poteva esistere perché,
oltre tutto non c'era niente da sprecare; mentre oggi oltre allo spreco esiste anche lo spread e magari non sappiamo nemmeno cosa sia. Allora la differenza era tra "*calzolaio* " e *ciabattino*" e non tra Nike, Rebook o Todd.

Altro che SMS queste brevi paginette.
Sono scatti fotografici, scatti fatti con il lampo del magnesio, quello che si usava quando la parola *flash* non era ancora entrata nel nostro vocabolario fotografico. Eppure sono immagini indelebili impresse in una memoria che "*proprio per la vecchiaia fa emergere con prepotenza unitamente alla voglia di raccontarlo* a chi ti sta vicino e ti vuole bene".

Sono scatti di foto in bianco e nero è vero, scatti che, nel proseguire della lettura, si colorano e si ingrandiscono assumendo forma e valore di quelle gigantografie color seppia delle mostre d'arte fotografica. E le frequenti note a piè pagina diventano le gambe di quei cavalletti su cui l'autore pone le sue opere, perché possono essere meglio ammirate.

Non tralasciamole queste note perché è grazie ad esse che chi non è giunto ancora a quella terza età di Osvaldo e di chi vi parla, può capire che i chiodini una volta si chiamavano "*semenzelle*" e che per andare a passeggio al corso ci si " *intolettava* " vestendosi a festa. Attenzione però a qualche nota che potrebbe causarci qualche shock di carattere storico-geografico, come quella, gustosissima, n° 16 di pag. 20.

Solo poche pagine… ma per chi le sa leggere non solo con gli occhi ma anche con il cuore, sono pagine di tenera saggezza, di incoraggiamento a volare alto sulle difficoltà del momento, ed a riprova andiamo a scorrere le pagine 17 e 18. (*leggere dal lesto*)

Ricordi di una infanzia fatta di gioie, affetti, serenità ma anche di tanti sacrifici, privazioni, peripezie, stenti ... ricordi raccontati con sentimento e che fanno crescere dentro il lettore il proponimento di guardare con maggiore considerazione a chi ancora oggi vive condizioni di disagio similare se non addirittura peggiore.

Mi piacerebbe a chiusura riprendere integralmente le conclusioni dell'Autore, raccordandole a quei principi a cui fa cenno la prefazione... Ma toglierei al lettore lo sfizio ed il gusto di iniziare, proseguire e andare fino in fondo nella lettura.

Pasquale Foschini
7 gennaio 2012

INTRODUZIONE

Sarà l'età! Sarà proprio la vecchiaia che fa emergere con prepotenza i ricordi dell'infanzia e la voglia di raccontarli a chi ti è vicino; certo è che in me diventa sempre più pressante la "voglia" di ricordare e comunicare... Senza poi dire che alcuni episodi della fanciullezza, ritenuti da sempre di scarsa importanza, a distanza di decenni, danno la conferma della presenza misteriosa di una "entità" che ti ha protetto, di un futuro eterno che ti attende...

Tramandare ai piccoli episodi della fanciullezza è a mio avviso, da ritenersi del tutto positivo... ed inoltre offre la possibilità di mantenere vive le nostre radici! Quando si sta con i nipotini si ricordano sempre, nei minimi particolari, fatti, ambienti ed avvenimenti che portano a fare paragoni.

Possiamo ben dire che anche nei periodi di guerra e di grande ristrettezza economica si incontravano ragazzi felici, creativi, contenti delle poche cose che, nonostante le difficoltà, riuscivano ad ottenere; l'ultima generazione di ragazzi, forse più viva ed intelligente, avanza sempre pretese e desideri (provocati anche dalla martellante pubblicità televisiva).

Desideri quasi sempre appagati dal cedimento di genitori che credono di compensare la loro assenza da casa, dovuta per lo più a motivi di lavoro. Ciò nonostante raramente si vede un bambino soddisfatto; c'è sempre qualche altro "giochino elettronico o videogioco " da acquistare. Ci sono bambini impegnati per ore e ore a cliccare... E' un modo moderno di impiegare il tempo libero.

Sono in aumento i disturbi mentali tra i bambini perché?

ANGELI AMICI DELLA VITA DI OSVALDO DI PIETRO

Frammenti di ricordi

IL RUOLO DELLA FAMIGLIA: RESPONSABILITA' DEI GENITORI

E' universalmente riconosciuto il ruolo fondamentale e insostituibile della famiglia nell'educazione dei figli.

" Con l'opera educativa, la famiglia forma l'uomo alla pienezza della sua dignità secondo tutte le dimensioni, compresa quella morale".[1]

E', infatti, in famiglia che si impara ad amare il prossimo, conoscere ed amare il Signore, a credere nella Provvidenza, nell'esistenza dell' Angelo custode. Purtroppo oggi la famiglia "culla della vita", quella fondata sul matrimonio, è in crisi per i profondi cambiamenti della società e per i duri attacchi del mondo laico assecondati dal " silenzio - assenso" di tanti cattolici impegnati. Quanti sono e dove sono quelli che si oppongono a certe pretese che tendono a mettere il" bavaglio" anche al Pontefice quando difende i valori della famiglia fondata sul matrimonio? Le "conquiste" del mondo laico (aborto e divorzio e le recenti battaglie sulle "unioni di fatto, sulle nuove tecniche di procreazione, l'eutanasia" ampiamente diffuse da stampa e televisione), hanno prodotto e stanno producendo effetti negativi sulla famiglia.

Già Madre Teresa di Calcutta, qualche lustro fa, scriveva : "oggi nel mondo c'è tanta sofferenza e tanta infelicità perché nei focolari domestici, nella vita familiare c'è poco amore; non abbiamo abbastanza tempo per i figli"[2]. Il giudizio di Madre Teresa ci deve far riflettere ma va pure evidenziato che in questo mondo, che cambia rapidamente, anche il ruolo della madre non è più quello di un tempo. Sono aumentati compiti e responsabilità. Per tante mamme

[1] v. Compendio della dottrina sociale della Chiesa – paragrafo n. 238

[2] Dal libro di Madre Teresa "Sorridere a Dio" Ed. San Paolo.

[3] Tanti ragazzi praticano più di una disciplina sportiva

lavoratrici è diventato problematico seguire ed accompagnare i figli nei vari impegni: oggi si pensa che un bambino debba fare musica, nuoto, inglese, danza, sport[3].

Per tanti genitori il bambino deve sentirsi libero, felice per cui non deve essere costretto. Ci sono bambini impegnati per ore ed ore a cliccare sui loro "giochini, a trascorrere intere ore davanti al televisore senza un adulto che possa spiegare o censurare immagini scabrose. Capita che improvvisamente un nipotino di sei anni, dopo aver visto nel primo pomeriggio uno spettacolo per bambini, ti chieda: " che cosa è lo stupro?" e " perché si muore?"

Cosa rispondere?

Da attento osservatore il bambino si fa un problema di ogni cosa : " perché ? chi? come?"

Intanto è necessario rispondere sempre con verità alle loro domande a costo di riuscire un poco oscuri e di non essere compresi lì per lì.

Il bambino non dovrebbe essere da solo davanti al teleschermo, qualcuno dovrebbe stargli vicino per aiutarlo nella comprensione dell'immagine, guidarlo nei giudizi e nelle reazioni con facili spiegazioni e precisazioni.

Ci lamentiamo dei programmi televisivi tanto da indicarli con termine "spazzatura" ma la responsabilità dei genitori e degli educatori in genere non è minore di quella dei produttori.

In Italia un bimbo su quattro ha un "personal computer", naviga senza controllo...

Sarebbe triste lasciare un bambino solo con i "mostri" di internet!

Ai papà, alle mamme, ai nonni convinti che il bambino deve sentirsi libero e non essere costretto dico che troppa libertà potrebbe in seguito trasformarsi in libertinaggio.

In famiglia devono esistere delle regole da rispettare e spetta a noi adulti dare buoni esempi e pretendere il rispetto.

UNA NUOVA VITA

Alla nascita di mio padre, avvenuta all'inizio del novecento in Benevento[4], seguì subito la morte di nonna Eugenia e ciò creò un vero scompiglio in famiglia. I sei figli furono affidati alla mia bisnonna (nonna di papà) ed il problema della nutrizione del neonato fu risolto dalla generosità e dalla solidarietà di una vicina di casa che allattò al seno il piccolo assieme al suo bambino nato lo stesso giorno della nascita di mio padre; fu la "mamma di latte" del piccolo orfano.

Il nonno, titolare di un calzaturificio, con i figli da badare, affidò l'azienda ad un cugino che, (per una grossa fornitura di scarpe militari non accettata perché non conforme alla descrizione contrattuale), ne provocò il fallimento .

Furono licenziati gli operai e l'azienda si trasformò in piccola bottega dove mio padre apprese il mestiere di calzolaio[5]. Quando si sposò nel 1931 aveva una sua bottega, non mancavano mai giovani apprendisti [2] che davano anche un valido aiuto. Terminata la guerra italo - abissina, con la proclamazione dell'impero d'Etiopia, non pochi furono i cittadini che si arruolavano per andare a

---

[4] Città più antica di Roma . Incerte le sue origini: chi ne attribuisce la fondazione a Diomede e chi la ritiene fondata dagli Osci . Oggi una ridente cittadina ricca di splendidi monumenti, testimonianze del passato, che attirano studiosi e turisti. La provincia di Benevento, cerniera tra Campania e Puglia, è lontana dai ritmi incessanti della storia recente capace, però, di proiettarsi nel futuro con realizzazioni d'avanguardia nel campo delle telecomunicazioni. La giovane Università del Sannio " piccola, bella, di alta qualità" in una recente indagine del "Sole – 24 Ore", per quanto riguarda la ricerca nel campo delle scienze matematiche ed informatiche, ha ottenuto il migliore rating in Italia, a pari merito con Trieste. Nell'aria del Mezzogiorno d'Italia è al primo posto per "produttività della ricerca" soprattutto grazie alla sua politica tesa a favorire i rapporti con le imprese tecnologiche. Oggi nella provincia è molto diffuso l'agriturismo che contribuisce non poco alla conservazione della cultura, delle tradizioni e dei sapori. Infatti, negli ultimi anni i prodotti alimentari tipici vengono sempre più ricercati e sono ufficialmente riconosciuti a termini di Regolamenti europei e nazionali (vini, olio, prodotti da forno e dolciari, prodotti lattiero-caseari, vegetali, conserve ed ancora carni e salumi, miele, bevande analcoliche, distillati e liquori...) .

[5] calzolaio e ciabattino sono due attività diverse: il primo crea e confeziona scarpe nuove, il secondo effettua solo riparazioni.

[2] categoria speciale di giovani lavoratori che va scomparendo.

"colonizzare" il nuovo impero. Si verificò un esodo di persone valide, di capifamiglia, di disoccupati in cerca di salari e stipendi dignitosi per realizzare, con i risparmi, un migliore tenore di vita. Un mio zio lascia in Italia moglie e sette figli e parte volontario per l'Africa Orientale; al rientro dall'Africa, con i risparmi accumulati, crea una piccola fabbrica di torrone che migliorò le condizioni di vita della famiglia. L'esodo che aveva risolto alcune situazioni familiari, contribuì non poco all'impoverimento della nostra famiglia.

*Dopo il fallimento del calzaturificio,
papà si adatta a fare il calzolaio...

VITA DIFFICILE

Mio padre da bravo artigiano (dal calzaturificio del nonno oltre
ad apprendere il mestiere aveva recuperato gli attrezzi da lavoro),

venne a trovarsi in grosse difficoltà. Poche le scarpe da risuolare, completamente spariti i migliori clienti (quelli che ordinavano scarpe su misura). Le entrate scarseggiavano, l'onere del fitto di casa era diventato insostenibile; tre figli a carico rappresentavano un bel fardello.

Con la scusa che l'abitazione non offriva tranquillità, per la presenza notturna di "spiriti" (fantasmi) si decise di traslocare. Ci trasferimmo in un altro rione della città dove si ebbe in fitto un "vano terra" con un contratto irrisorio; si passò da un appartamento di tre stanze ed accessori ad un vano a piano terra senza acqua corrente (all'epoca solo poche famiglie potevano godere di questo servizio essenziale; sempre affollate le fontane pubbliche dove le "comari", nell'attesa del proprio turno, spettegolavano su questo o quello).

Il vano era diviso a metà da un "paravento"; nell'angolo del lato destro dell'entrata c'erano i servizi igienici (un vaso in ceramica, un catino e un secchio), sul lato opposto un cucinino con tre fornelli che venivano alimentati a carbone.

Il trasloco presentò delle difficoltà: alcuni mobili furono svenduti ad un rigattiere, altri accatastati in un angolo per le ristrette dimensioni della nuova "bicocca".

Nonostante la sopravvenuta povertà, nei giorni festivi la famiglia si "intolettava"[6] per partecipare alla Santa Messa e per fare una passeggiata lungo Corso Garibaldi e Corso Vittorio Emanuele.

All'epoca il Corso Vittorio Emanuele era sempre affollato per la presenza di tanti negozi; ricordo anche un albergo e lo studio fotografico "Profeta e Del Vecchio". Di tale studio fotografico esiste una foto dell'epoca che ritrae i genitori e i tre figli maschi tutti vestiti elegantemente (il papà in abito scuro gessato, camicia rigorosamente bianca con collo e polsini inamidati, capelli nerissimi impomatati e lucidi di brillantina; la mamma con al collo una pelliccia di volpe). Bella la famigliola a passeggio: il papà con in braccio il più piccolo (i passeggini erano per i più ricchi), la mamma dava la mano agli altri due bambini, i quali, prima di uscire da casa venivano "catechizzati a dovere" per cui ben sapevano che lungo il percorso non dovevano chiedere nulla: né caramelle, né giocattoli, né altro...

---

[6] Vestirsi per la festa.

La situazione economica della famiglia diventava sempre più precaria; in casa non esistevano più oggetti di valore da portare al Monte di Pietà"[7]. Per trovare una soluzione il papà decise di frequentare un "corso serale per saldatori autogeni". Ogni sera, dopo aver risuolato qualche paia di scarpe ma, soprattutto, dopo aver effettuato piccole riparazioni (sempre perfette le "pezze" cucite a mano sulle tomaie bucate) si recava presso la Scuola Industriale al Viale San Lorenzo dove si svolgeva il "corso".

Nel mese di dicembre, dopo tre figli maschi, nacque una bambina.

Con la nascita del quarto figlio arrivò anche un consistente aiuto economico da parte dell' O.N.M.I.[8] Fu possibile dotarsi di un po' di scorta per l'attività artigianale (suola, tacchi di gomma, cera, semenzelle[9], colla, tomaie...). Si trascorse un Natale sereno anche se i "clienti" scarseggiavano sempre di più. L'inverno di quell'anno si presentò molto rigido, in casa il braciere era sempre acceso e "asciugapanni" sempre in funzione.

A fine gennaio il papà fu convocato presso un opificio militare di Colleferro[10] per le prove attitudinali e per un eventuale corso rapido di specializzazione. La famigliola fu lasciata con pochi spiccioli. Per i generi alimentari Donna Carolina (salumiera del rione) ne garantiva la fornitura. Per alimentare il braciere furono utilizzati suppellettili accantonate (una grossa cassapanca che conteneva le forme per confezionare scarpe e un tavolino pieno di tarli, molto antico ed ...altro ancora).

---

[7] Situato al centro di Palazzo Paolo V.

[8] Opera Nazionale Maternità e Infanzia: fu fondata sotto il regime fascista per la tutela della madre e del bambino (non più esistente perché dichiarato "ente inutile").

[9] Chiodini da calzolaio.

[10] vedi nota a pagina 7

Perciò vi dico: per la vostra vita non affannatevi di quello che mangerete o berrete. e neanche per il vostro corpo, di quello che indosserete; la vita non vale più del cibo e il corpo più del vestito?

Guardate gli uccelli del cielo: non seminano, né mietono, né ammassano nei granai; eppure il Padre vostro celeste li nutre. Non contate voi forse più di loro?" (Mt. 6, 25-26)

LA PROVVIDENZA

Da Colleferro[11] il papà alla data indicata per il ritorno non rientrava...; trascorso il suo quinto giorno di assenza dopo il termine indicato, donna Carolina, la salumiera, annunciò che non poteva più concedere alimenti a credito; in casa non c'era più legna da ardere per cui si utilizzarono le forme di legno per la confezione di scarpe che il papà aveva ricevuto dal padre[12] e di cui era molto geloso.

Quella sera la mamma era proprio disperata, aveva potuto assicurare solo il caldo del braciere . La famigliola era riunita attorno all' asciugapanni e tutti con la coperta sulle gambe (all'epoca tutti i bambini indossavano calzoncini corti). La mamma con la tristezza nel cuore per la disperata situazione pensava all'indomani senza nemmeno il latte da dare ai piccoli; cercava di distrarli con racconti e canzoncine ("...batti le manine che viene papà e ti porta zucchero e babà..."). I bimbi felici ripetevano battendo le manine.

Come ogni sera all'accensione del lume la mamma recitò con i figlioli la solita cantilena " *bbona sera urìa[13] mia, facci 'bbona compagnia, bbona sera uria e casa fa sta' bbuono 'u capo d'a casa".* Alla parola "casa" bussò alla porticina dell'abitazione un vecchietto coperto da stracci, con barba bianchissima, bastone e una capace e sdrucita borsa di stoffa a tracolla ed implorava: *"fate la carità ad un povero vecchio".*
La mamma mostrò i suoi quattro figli e, con poche parole, raccontò al vecchietto la propria situazione familiare ed il rammarico che provava per non poterlo aiutare. Dopo aver attentamente ascoltato tutto, il vecchietto, mosso da compassione, tirò dalla borsa di stoffa tutto ciò che aveva raccolto in giornata poggiando sul piano dell'asciuga- panni due grossi pani, un pezzo di lardo, un panino ripieno, del salame e poi ... sparì.

---

[11] Comune in provincia di Roma. E'distante 52 km dalla capitale. Il Centro si è sviluppato recentemente come sede di importanti stabilimenti chimici che hanno sostituito le fabbriche di materiale bellico.

[12] Era stato titolare di un calzaturificio con una ventina di dipendenti.

[13] Urìa (Lari) divinità mitologica romana protettrice della casa.

La sorpresa della mamma nello accendere la carbonella per preparare il "pancotto" fu quella di trovare misteriosamente sul cucinino una discreta somma di denaro che diede tranquillità per alcune settimane.

Da quella sera la preghiera serale che i bambini recitavano prima di addormentarsi subì una modifica: *"Madonnina mia, proteggi papà, mamma, i fratellini, la sorellina e il vecchietto con la barba[14] "*.

---

[14] ."Ha scritto Mons. Ruppi per "Famiglia Cristiana"che "Dio ha fiducia nell'uomo, l'uomo deve avere fede e fiducia in Dio" e che " l'idea che dobbiamo avere sempre in testa è che Dio guida la storia dell'uomo. Niente avviene per caso, ma tutto segue un filo misterioso che si chiama Provvidenza di Dio. Dio si serve anche di noi esseri umani per scrivere la sua storia" (vedi F.C. n°31 del 2006).

*Alla nostra casa bussa un vecchietto
coperto di stracci...

LA SVOLTA LAVORATIVA

In seguito la situazione migliorò perché il papà, per i quattro figli a carico, non fu precettato per l'Africa Orientale ma fu assunto come cantoniere dalle ferrovie statali, ed inviato nel Comune di Riardo[15]. A tre chilometri dalla stazione ferroviaria di RIARDO, sulla linea Caserta – Cassino - Roma, gli fu assegnato metà di un casello ferroviario[16] (tre stanze, un pezzo di terreno, pozzo per l'acqua potabile e "servizio igienico"[17]all'esterno del casello, in comune con un'altra famiglia composta da tre persone (genitori anziani e un figlio che fu presto chiamato alle armi).

Nella nuova dimora si stava bene; c'era armonia con i vicini e gli abitanti del piccolo villaggio: tre famiglie e una coppia (Anna Maria e Pasquale) senza figli, avevano con loro una ragazza che aiutava Anna Maria nelle faccende domestiche. A casa di Anna Maria nei giorni di festa tutti si ritrovavano per cantare, ballare e fare giochi. Tanta armonia e molta solidarietà: un giorno mio padre espresse il desiderio di andare a Sparanise[18] per acquisti di vestitini per noi bambini ma i circa dieci chilometri di distanza da percorrere a piedi erano parecchi; un vicino che ascoltava mise a disposizione il calesse e la sua cavalla.

I nostri coinquilini erano diventati per noi piccoli "zio Isidoro e zia Adelaide".

---

[15] Comune in provincia di Caserta (2.509 abitanti), noto per le numerose sorgenti di acque minerali. Gli stabilimenti per l'imbottigliamento distano 2,5 Km dalla stazione ferroviaria Riardo - Pietramelara sulla linea Roma- Cassino – Napoli. Il Comune dista 36 Km dal capoluogo . Tra i monumenti: il castello feudale con quattro grandi torri e la cappella della Madonna della Stella con meravigliosi affreschi.

[16] Il casello ferroviario era poco distante dal luogo dove avvenne lo storico incontro dell'eroe dei due mondi, Giuseppe Garibaldi, e il Re Vittorio Emanuele II nei pressi di Teano.

[17] Esisteva solo un vaso dove si sversavano gli orinali.

[18] Comune in provincia di Caserta (/7.269 abitanti) a 27 km dal capoluogo; situato in Terra di Lavoro alla destra del fiume Volturno: è un centro agricolo. Monumento interessante: la Parrocchiale di San Vitaliano.

Tante le difficoltà per andare a scuola. Frequentavo la quarta elementare, ogni mattino con Antonio Palumbo (quarta classe elementare), suo fratello Carlo e mio fratello Giovanni (seconda elementare) per raggiungere la scuola dovevamo percorrere circa cinque Km: tre lungo la strada ferrata e due dalla stazione ferroviaria di Riardo fino al paese. A scuola avevamo anche lezioni di musica per cantare gli inni fascisti: Giovinezza, Fischia il Sasso, [19] Sole che sorgi, Giarabub (...colonnello non voglio l'acqua, voglio il fuoco distruggitore...) ed elementi di agraria con lezioni pratiche per coltivare l' "orticello di guerra"[20].

Anche la mamma imparò a coltivare l'orto avuto in dotazione dalla ferrovia con risultati soddisfacenti !

PERIPEZIE FAMILIARI

[19] Lanciato contro gli austriaci a Genova – quartiere Portoria – il 5 dicembre del 1746 . Con il lancio del sasso iniziò l 'insurrezione popolare dei genovesi che cacciò gli oppressori austriaci dalla città.

[20] Vigeva all'epoca un regime di autarchia; per far fronte alla scarsità di generi alimentari sorsero, dove esisteva del terreno abbandonato, tantissimi orticelli di guerra.

Traslochi e trasferimenti hanno caratterizzato la mia infanzia; dal Comune di Riardo fummo trasferiti nel Comune di Morcone[21] alla contrada Canepino.

Anche qui grandi difficoltà   per frequentare la scuola (fui iscritto alla prima classe di avviamento presso l'Istituto Industriale di Benevento). Tutte le mattine dalla stazione ferroviaria di Santa Croce del Sannio[22] partivo con il treno delle ore 6 per trovarmi con l'orario di apertura della scuola; dopo due ore in treno[23], dalla stazione centrale di Benevento a piedi fino al viale S. Lorenzo[24].

Spesso rientravo a casa all'imbrunire; quasi sempre   mi addormentavo in treno, quasi sempre unico viaggiatore; dormivo tranquillo perché sapevo che sarei stato svegliato dal controllore di turno qualche minuto prima dell'arrivo. Una sera, però, non fui svegliato, nel dormiveglia sentii   il controllore annunciare San Giuliano del Sannio[25].Mi precipitai a scendere; non c'erano mezzi per tornare indietro; digiuno ed impaurito [26]fui costretto a passare la notte sulle panche dell'unica sala d'aspetto . Tramite il telegrafo della stazione fu avvertito il capostazione di Santa Croce del Sannio che tranquillizzò i miei genitori. Al mattino successivo mia madre si fece trovare alla fermata del treno delle ore 6, mi rimproverò

---

[21] Comune in provincia di Benevento (683 slm.- 8.122 abitanti). A 38 km dal capoluogo sul pendìo del Monte Mutria che si affaccia sulla valle del Tammaro. E' centro agricolo. Tra i monumenti resti di mura di un castello medievale. Il convento dei Padri Cappuccini è dal 1968 meta di devoti di San Pio da Pietrelcina perché a Morcone si realizzò il desiderio del Santo di consacrarsi al Signore . A Morcone, infatti, Padre Pio nel 1903 vestì gli abiti del poverello d'Assisi e iniziò il suo noviziato. Il Comune è stato di recente inserito in un " circuito di turismo religioso"-

[22] Comune in provincia di Benevento, distante 47 km dal capoluogo, situato nella valle del fiume Tammaro, confina con il Molise. Conserva tra i suoi edifici il Palazzo Baronale sede del Municipio e la Chiesa di San Francesco eretta nel 1245. La stazione ferroviaria , distante 5,5 km, è ubicata in contrada Canepino del Comune di Morcone.

[23] Il treno, trainato da una vecchia locomotiva a vapore, subiva lungo la tratta continui rallentamenti; ne ricordo uno in particolare dovuto ad una frana nei pressi della zona , chiamata "zingara morta" dove negli ultimi anni numerosi sono stati gli incidenti stradali mortali.

[24] Non esistevano mezzi di trasporto per raggiungere la scuola

[25]Comune in provincia di Campobasso (1.076 abitanti), di origine romana. Comune prevalentemente agricolo (fa parte della Comunità Montana del Matese).

[26]Avevo solo dieci anni

duramente, mi consegnò due fette di pane con la frittata e mi raccomandò di riandare a scuola e così proseguì il mio viaggio...

*Ritornando dalla scuola, mi svegliai
a S. Giuliano del Sannio...

Dopo i primi bombardamenti del 1943 fummo " sfrattati " dai tedeschi perché sul terrazzo del palazzo avevano impiantato un osservatorio e una "batteria antiaerea". Ci trasferimmo alla contrada Giordani dello stesso comune, a poca distanza una galleria della linea ferroviaria Benevento - Campobasso. In questo periodo tanti episodi da raccontare; resta indelebile la notte della distruzione della galleria ferroviaria minata dai tedeschi in ritirata[27].

[27] La linea ferroviaria Benevento - Campobasso aveva la sua importanza strategica per cui i tedeschi , nella ritirata verso il nord, fecero saltare tutti i ponti e le gallerie della linea ferroviaria Benevento - Campobasso - Termoli e quelli delle strade che collegavano Benevento con il Molise.

Altro ricordo quello di "zia Carmela"[28] che, ogni sera, dopo aver condotto al pascolo il gregge dei proprietari, si sedeva sullo scalino di pietra davanti alla sua stanzetta e, dopo un breve scampanellìo, all'accorrere di tutti gli abitanti della contrada incominciava la recita in latino del Rosario.

Non ho mai saputo se la larga partecipazione ad implorare la Madonna per coloro che erano al fronte, era vera fede o solo una consuetudine acquisita; di certo ricordo che per noi ragazzi erano momenti di festa lo stare tra tanta gente e pregare insieme.

---

[28]Per noi ragazzi gli adulti erano considerati tutti zii.

*La guerra incalza e ci costringono a trasferirci alla contrada Giordani...

L'ANGELO CUSTODE

Dopo la fine dell'ultimo conflitto mondiale, per poter frequentare la scuola, fummo costretti a trasferirci a Benevento dove trovammo riparo in un casolare di campagna alla contrada Gran Potenza[29]. Qui la presenza dell'Angelo custode fu tangibile.

Nel fondo insisteva un pozzo così formato: a circa tre metri di profondità c'era una piattaforma di due metri quadrati, al centro di esso partiva un "cunicolo" di un metro quadrato di larghezza e profondo decine di metri. L'acqua, tranne eccezioni, superava la piattaforma di circa mezzo metro. Un mattino Giovanni, mio fratello, andava canticchiando:"Anna Maria è caduta nel pozzo... Anna Maria è caduta nel pozzo "; la mia sorellina era veramente caduta nel pozzo distante pochi passi dall'abitazione. La disperazione fu generale, il proprietario accorse con una lunga scala a pioli, aiutato dai familiari si cinse la vita con una grossa fune e scese fino alla piattaforma sicuro di dover recuperare il corpicino della bimba...

La grande sorpresa fu quella di trovare la bimba su un lato della piattaforma interamente bagnata, immobile e tremante per l'acqua gelida; era rimasta immobile per circa venti minuti. Racconterà poi alla mamma che caduta fin giù nella parte più stretta del pozzo, si sentì spinta verso l' alto e depositata su un lato della piattaforma che, fortunatamente, quel giorno era superata da solo una ventina di centimetri di acqua essendo già stata utilizzata per innaffiare l'orto. "...illumina e custodisci me". L' Angelo di Dio aveva accolto la preghiera che la mamma ci faceva recitare ogni mattino.

---

[29] distante qualche chilometro dal centro cittadino. All'epoca la contrada era collegata alla città solo dall'antico Ponte Leproso (uno dei monumenti che fanno della città di Benevento la più romana delle città dell'ellenica Campania). Il ponte con le sue cinque arcate irregolari cavalca il fiume Sabato.

*Giocando, mia sorella Maria cade nel pozzo e viene miracolosamente salvata...

SALVATI DAL CROLLO

Dal casolare della Gran Potenza passammo ad una modesta abitazione di tre vani (che poi divennero quattro perché un altro vano venne costruito abusivamente di notte).

L'abitazione situata a piano rialzato consentiva a noi ragazzi di uscire da casa saltando da una delle due finestre che insistevano sul retro della palazzina.

Salto che solitamente facevamo per andare a giocare sulla vicina piazzetta.

Un pomeriggio ero in casa solo con fratello Raffaele: io perché dovevo studiare per gli imminenti esami di licenza, il mio fratellino perché non volle andare con la mamma.

Improvvisante il piccolo con un pallone in mano mi invitava ad uscire per andare a giocare; poiché insisteva gli diedi uno schiaffo, cosa che provocò il suo pianto dirotto.

Con molta pazienza allora lo accontentai: feci scendere prima lui per la finestra della camera da pranzo, poi salii anche io sul davanzale e come vi misi piede ci fu un forte boato e la caduta di parte del soffitto.

La "pioggia" di calcinaccl , fortunatamente, non ci colpì; fece però danni in casa: sedie e tavolo grande sfondati, vetri della credenza rotti, danni notevoli alle suppellettili...

Accorsero immediatamente i tecnici dell'Istituto Autonomo Case Popolari che spiegarono i motivi del crollo poiché si presumeva che il collaudo dei lavori di ricostruzione dell'ala del fabbricato, distrutta dai bombardamenti dell'agosto 1943, era stato fatto con una certa superficialità.

I tecnici si interessarono per un immediato risarcimento dei danni e per la riparazione della volta crollata.

*La caduta di parte del soffitto del casolare in contrada Pace vecchia...

Ancora una volta ho avvertito la presenza dell' Angelo custode che "illumina, custodisce, regge e governa me"

CONCLUSIONI

I fatti narrati, realmente accaduti, si riferiscono ai primi 13 anni della mia vita. Il crollo del soffitto avvenne nel mese di maggio del 1945; i tantissimi avvenimenti successi, che ritornano prepotentemente alla memoria, mi hanno convinto della continua presenza di quella "Entità" che vigila e dirige i nostri passi.

Ogni mattina al sorgere del nuovo giorno va ringraziato il Signore per il dono della vita, vanno offerte le azioni della giornata e invocata la Sua Grazia per i "nostri" cari.

In questo momento di crisi che attanaglia il mondo ricordiamo a noi stessi che l'avvenire dell'umanità passa attraverso la famiglia, passa attraverso la società dell'amore.

OSVALDO DI PIETRO

Nato a Benevento il 21 maggio 1932 – Morto il 2 settembre 2016
Giornalista pubblicista.
Assistente Sociale già Segretario Regionale
POA-ONARMO, dal 1964 al 1997, Direttore dell'Ufficio
Provinciale EPACA, Ente del Patronato della Coldiretti.
Presidente Diocesano dell'Azione Cattolica nel triennio 1980/83.
Per venti anni Presidente del Comitato Consultivo Provinciale
INAIL di Benevento. Dal 1973 è Presidente Provinciale dell'ANFE,
Associazione Nazionale Famiglie Emigrati, alla quale dedica tempo
ed energie.

fondatore del bollettino "Emigrazione notizie"

per i Sanniti emigrati.

Ha pubblicato:

- *"Indagine sulla scolarizzazione nel Sannio"* (1967)

- *"e l'esodo continua"* (2005)

- *"L'Europa e la sua identità"* (2007)

- *"Diario di un emigrante* (2009)